Willeke Brouwer

VOM ENGEL
UND DEM
HEILIGEN KIND

Als Bibeltext ist zugrunde gelegt:
Die Bibel. Die Heilige Schrift
des Alten und Neuen Bundes
Vollständige deutsche Ausgabe
© Verlag Herder Freiburg im Breisgau 2005

AΩ
DIE BIBEL

Die Schreibweise der biblischen Namen folgt
den »Loccumer Richtlinien«.

Titel der niederländischen Originalausgabe: De Engel en het Kind
© Text und Illustration: Willeke Brouwer
First published in 2019 by Jongbloed Uitgeverij B.V., Heerenveen,
The Netherlands.
www.royaljongbloed.com
All rights reserved

Für die deutschsprachige Ausgabe:
© Verlag Herder GmbH, Freiburg im Breisgau 2021
Alle Rechte vorbehalten
www.herder.de

Übersetzung: Sabine Reinhardus
Fachlektorat: Martina Jung
Gesamtgestaltung: Veronika Preisler, München
Herstellung: PB Tisk, a.s., Příbram
Printed in the Czech Republic

Gedruckt auf umwelfreundlichem, chlorfrei gebleichtem Papier

ISBN 978-3-451-71582-2

Willeke Brouwer

VOM ENGEL
UND DEM
HEILIGEN KIND

Maria erzählt die Weihnachtsgeschichte

Aus dem Niederländischen
von Sabine Reinhardus

HERDER

FREIBURG · BASEL · WIEN

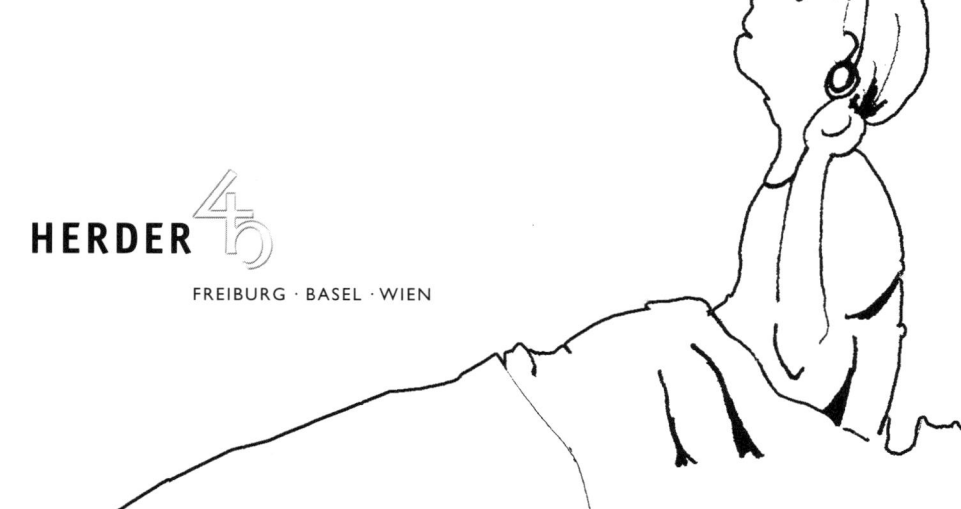

DER ENGEL

WAS GESCHAH Man erzählt es sich am Brunnen von Nazaret, einem kleinen Bauerndorf im Norden von Israel: „Der MESSIAS kommt!" »Gott wird uns retten!«

Die Menschen sind arm. Sie essen Gemüse aus ihren Gärten und backen ihr eigenes Brot. Meistens werden sie gerade so satt.

Seit Herodes zum König gekrönt wurde, ist es noch schlimmer geworden. Er untersteht Kaiser Augustus, dem römischen Herrscher. Herodes muss das Volk, aber auch den Kaiser zufriedenstellen.
Herodes ist grausam. Als er Zweifel hatte, ob er seiner Frau Mariamne vertrauen kann, ließ er sie und seine beiden Söhne einfach töten. Zur Sicherheit.
Er verlangt hohe Steuern von seinem Volk, darin ist er gut. Und er braucht sehr viel Geld. Die Menschen aus Nazaret müssen bezahlen. Ob es ihnen passt oder nicht.
In Jerusalem protestieren die Menschen gegen die Römer. Aber es ist gefährlich, die eigene Meinung laut zu äußern. Jedem, der anders denkt als der Kaiser, drohen schreckliche Strafen vonseiten der Römer. In dieser Zeit werden die alten Gerüchte wieder laut.
»Der Messias kommt!«

MESSIAS!? Bedeutet wortwörtlich »Der Gesalbte«. Die alten Schriften berichten von einem Mann, der kommen und die Welt retten und Frieden bringen wird. Er wird Messias genannt.

HERODES!? König von Judäa von 73 v. Chr. bis 4 v. Chr. Er ist grausam, doch durch ihn wird das Königreich groß und mächtig.

König Herodes

Kaiser Augustus

AUGUSTUS!? Sein richtiger Name ist eigentlich Gaius Octavius, aber als er Kaiser von Rom wird, lässt er sich Imperator Caesar Augustus nennen. Er regiert von 27 v. Chr. bis 14 n. Chr. Der Monat August ist nach ihm benannt, obwohl er selbst im September zur Welt gekommen ist.

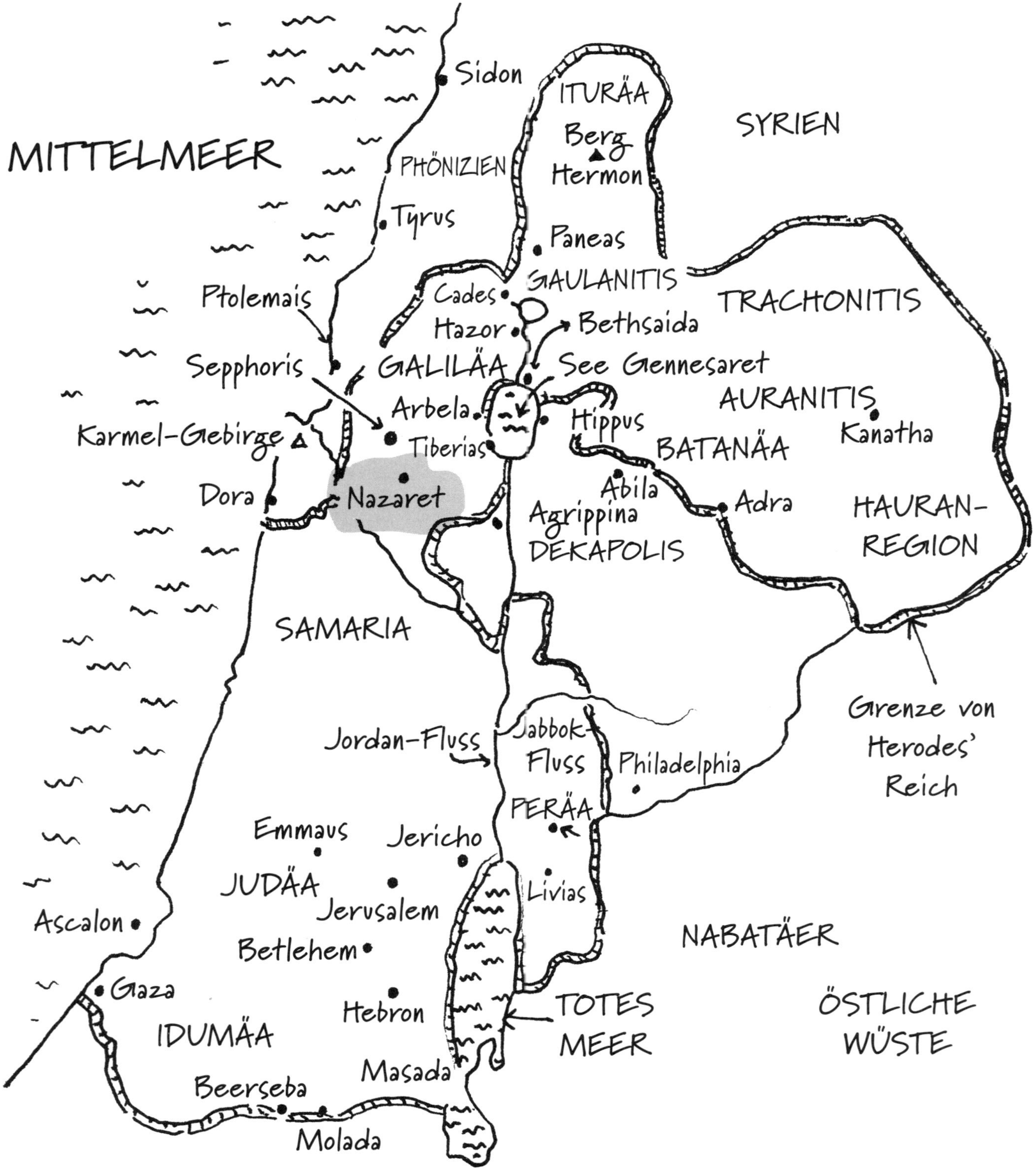

MITTELMEER

SYRIEN

ITURÄA

Berg Hermon ▲

PHÖNIZIEN

Sidon

Tyrus

Paneas

Ptolemais

Cades

GAULANITIS

TRACHONITIS

Hazor

Bethsaida

Sepphoris

GALILÄA

See Gennesaret

AURANITIS

Karmel-Gebirge △

Arbela

Hippus

BATANÄA

Kanatha

Tiberias

Abila

Adra

Dora

Nazaret

Agrippina

DEKAPOLIS

HAURAN-REGION

SAMARIA

Grenze von Herodes' Reich

Jordan-Fluss

Jabbok-Fluss

Philadelphia

PERÄA

Emmaus

Jericho

Livias

JUDÄA

NABATÄER

Ascalon

Jerusalem

ÖSTLICHE WÜSTE

Betlehem

Gaza

Hebron

TOTES MEER

IDUMÄA

Masada

Beerseba

Molada

DAS KÖNIGREICH HERODES' DES GROSSEN

Nazaret ist ein kleines Dorf in Galiläa.

In Nazaret, in einem kleinen Haus,
wohnt Maria.

Ich kann nicht glauben, was ich da gerade gesehen habe.

Maria

Hab ich das wirklich GESEHEN?
Oder war es nur ein TRAUM?

Nein. Das war viel zu echt für einen Traum.
Der **Engel** war da. Und er hat wirklich gesagt,
dass ich ein Kind bekomme.

ENGEL!? Sind die Nachrichtenüber-bringer Gottes. Sie haben über-natürliche Kräfte und erscheinen oft als Lichtgestalten.

Ich, Maria.

Dass ich noch nicht verheiratet
bin, hat den Engel gar nicht
gestört. Woher weiß ich
eigentlich, dass es ein Engel war?
Schwer zu sagen. Dieses Wesen
leuchtete so hell, dass ich es
einfach gewusst habe. Ich sehe
noch immer Lichtflecke. Es war
seltsam. Ich war gerade dabei,
Brotteig zu kneten …

In der Küche ist es schön warm,
und ich habe ein bisschen vor mich
hingeträumt. Bald würde ich Josef
heiraten. Ich kenne ihn noch kaum,
aber er sieht sehr nett aus. Meine
Eltern haben ihn als Mann für mich
ausgewählt.
Über all das habe ich nachgedacht,
als plötzlich das Licht ins Zimmer
strahlte, und es ganz hell wurde.

»Erschrick nicht«, hörte ich da
eine Stimme. Zu spät. Ich hatte
mich schon furchtbar erschrocken.
»**Gott** ist mit dir.«
Ich war von dem Licht so
geblendet, dass ich nicht viel
sehen konnte.

GOTT! Hat das Universum
erschaffen. Ist allmächtig.

Ich habe mir nicht alles gemerkt, was der Engel gesagt hat. Nur, dass ich ein Kind bekomme. Was für eine seltsame Geschichte.

»Ich glaube, dafür muss man erst mit einem Mann schlafen«, sagte ich. »Und das darf ich nicht, weil wir noch nicht verheiratet sind. Da passt meine Mutter genau auf!«

Doch der Engel erklärte mir, dass das Kind von Gott sei, nicht von Josef. Und dass es König von Israel werden würde. Über dieses Kind wird schon seit Jahren heimlich geflüstert, damit die Römer es nicht hören.

WIE DENN?

Die Römer wollen nichts von unserem Glauben an Gott wissen.
Und schon gar nichts von einem anderen König als dem
grausamen König Herodes.

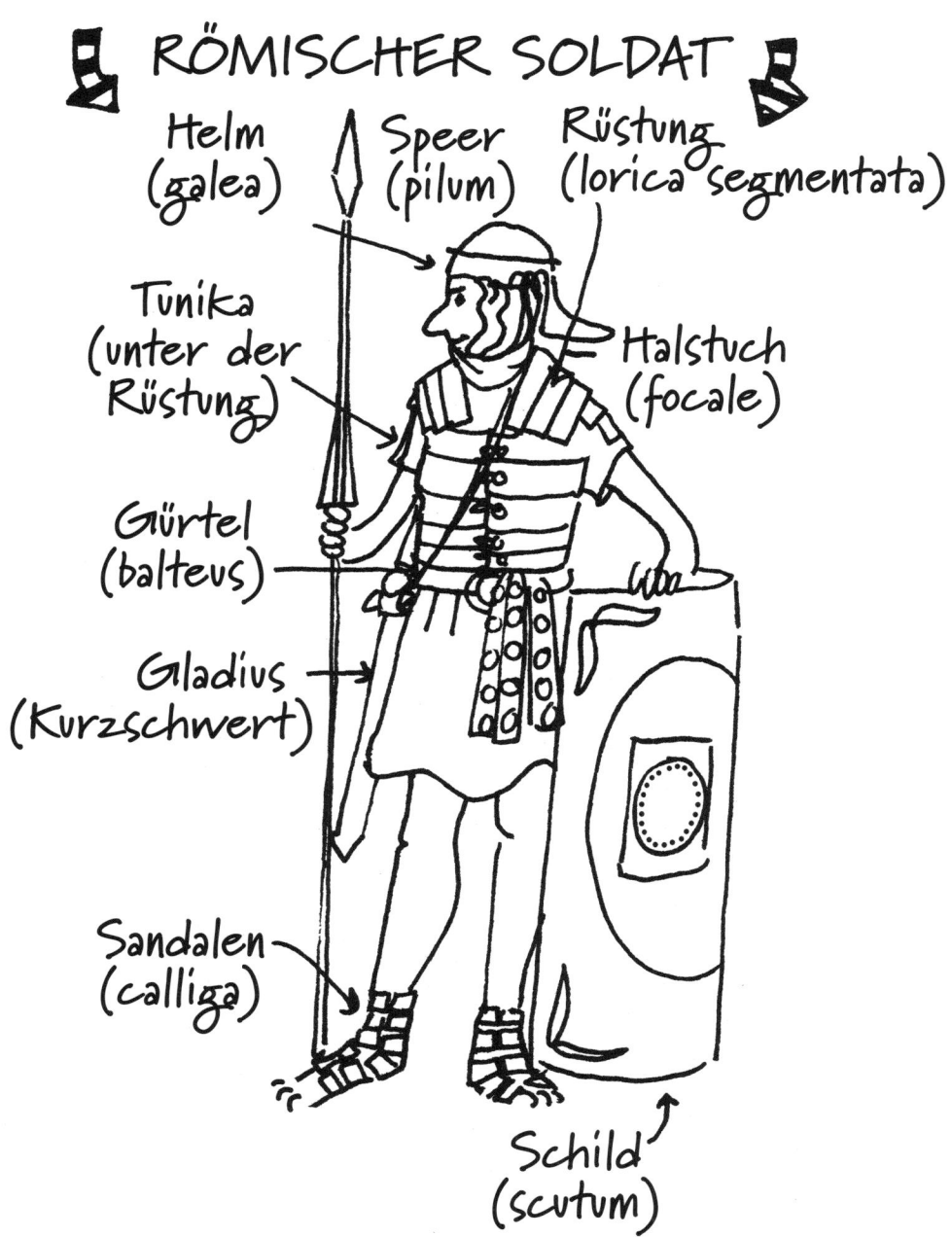

RÖMISCHER SOLDAT

Helm
(galea)

Speer
(pilum)

Rüstung
(lorica segmentata)

Tunika
(unter der
Rüstung)

Halstuch
(focale)

Gürtel
(balteus)

Gladius
(Kurzschwert)

Sandalen
(calliga)

Schild
(scutum)

Gott hat mich als Mutter des Kindes auserwählt.

»Durch die Kraft Gottes wirst du schwanger werden. Du wirst einen Jungen zur Welt bringen und ihn Jesus nennen«, sagte der Engel. »Der Name bedeutet ›Gott rettet‹.«

Ich schnappte nach Luft.

Das geht doch nicht einfach so?

Wie soll ich das meinen Eltern erklären? Und Josef?

Das glaubt mir doch niemand!

Tausend Gedanken wirbelten durch meinen Kopf, während der Engel ruhig dastand.

Konnte ich noch etwas dazu sagen?

Wenn dies wirklich ein Engel Gottes war, gesandt von dem Gott, an den ich schon mein ganzes Leben lang glaubte, dann konnte ich ihm nichts abschlagen.

»Der Ewige ist derjenige, für den wir leben.« Das sagen wir in unseren Gebeten, und wir singen es in unseren Liedern beim Abendessen.

Was sollte ich jetzt tun?
Warum gerade ich?
Warum keine andere?

Zweifelte ich an dem Engel? Nein. Er war überzeugend.
Zweifelte ich an seiner Botschaft? Nein, auch nicht. Ich
weiß nicht warum, aber ich war mir sicher, dass er die
Wahrheit sagte. Ich spürte es halt.
Ich hatte keine Wahl.
»Gut«, sagte ich.
»Deine Tante Elisabet erwartet auch einen Sohn«, sagte
der Engel. »Sie ist schon im sechsten Monat schwanger.
Sie dachte, dass sie keine Kinder bekommen kann. Aber
für Gott ist nichts unmöglich.«
Dann verschwand der Engel.

Und hier bin ich nun. Im Zimmer ist es wieder dunkel.
Ich lasse das, was gerade passiert ist, auf mich einwirken.
Ich zittere.
Auf dem Tisch liegt ein Umschlagtuch. Mit dem Tuch über
meinen Schultern sitze ich noch eine Weile da und starre
vor mich hin.
Ich. Mutter. Von einem heiligen Kind.
Ein besonderes Gefühl erfüllt mich. Gleichzeitig denke
ich plötzlich: Wie soll ich bloß darüber reden?
Niemand kann meine Geschichte bezeugen. Niemand
war dabei.

Und wenn sie mir nicht glauben, dann ... Ich darf gar nicht dran denken.

GESTEINIGT!? Todesstrafe: Jemand wird mit Steinen beworfen, bis er stirbt.

Vor einiger Zeit wurde ein Mädchen **gesteinigt.** Ich hatte wochenlang Albträume wegen der schlimmen Dinge, die ich darüber gehört hatte. Das Mädchen hatte mit jemandem geschlafen, mit dem sie nicht verheiratet war. Und das ist verboten.

Ich versuche, nicht in Panik zu geraten.

Würden sie ...
Sie müssen mir einfach glauben!

JOSEF

JOSEF

Ich schmiede einen Plan.

Als Erstes muss es Josef erfahren. Das ist mir am wichtigsten.
Aber das ist gar nicht so einfach. Meine Eltern lassen mich
nämlich fast nie mit ihm allein. Trotzdem: Ich werde schon einen
Weg finden.

Als Nächstes muss ich zu meiner Tante Elisabet. Sie wird mir
bestimmt glauben, da sie auch Besuch von einem Engel gehabt hat.

Josef ist in der Holzwerkstatt. Eigentlich traue ich mich kaum, ihn anzuschauen. Aber ich MUSS. Ich winke ihm zu und sage, dass ich unbedingt mit ihm sprechen muss. Wir setzen uns auf eine Bank hinter der Werkstatt.

»Pffff!«, sagt er, als ich ihm atemlos meine Geschichte erzählt habe.
Und dann: »Das kann ich kaum glauben!«
»Aber du MUSST mir glauben«, sage ich. »Sonst ist mein Leben vorbei!«

לָכֵן יִתֵּן אֲדֹנָי הוּא לָכֶם אוֹת הִנֵּה הָעַ
הָרָה וְיֹלֶדֶת בֵּן וְקָרָאת שְׁמוֹ עִמָּנוּ אֵל

Jesaja 7:14 → ein hebräischer Text des
Propheten Jesaja. Dort steht:
»Darum wird euch der Herr selbst ein Zeichen
geben: Seht, die junge Frau wird empfangen
und einen Sohn gebären und ihm den
Namen Immanuel geben.«

Ich finde alles so schwierig, dass ich anfange zu weinen.
»Von diesem Kind haben die **Propheten** gesprochen.«
Josef sieht mich an.

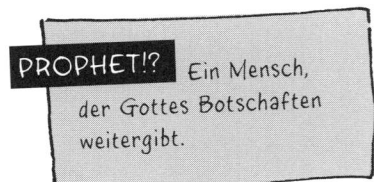

PROPHET!? Ein Mensch,
der Gottes Botschaften
weitergibt.

»Ich muss darüber nachdenken«,
sagt Josef. »Aber ich lass dich
nicht im Stich. Das verspreche ich.«

Erleichtert laufe ich nach
Hause. Dort ist meine Mutter
mit der Wäsche beschäftigt.
Sie rührt mit dem Stock in
einer hölzernen Tonne, in
der die Kleider in einer
Seifenlauge liegen.
Das riecht gut.
Ich helfe ihr, und wir reden
ein bisschen über die Nachbarin, die
einen besonders schönen Dachgarten hat.
»Weißt du, was ich gehört habe? Tante
Elisabet ist schwanger«, sage ich.
Meine Mutter sieht mich überrascht an.
»Woher weißt du das?«
Ich zucke mit den Schultern. Neuigkeiten
machen im Dorf schnell die Runde.
»Das wäre ja wunderbar!«, sagt meine
Mutter. »Aber sie ist doch schon so alt!«

»Ich hab mir was überlegt«, sage ich. »Ich möchte Tante Elisabet gern besuchen. Ich könnte ihr ein bisschen bei der Arbeit helfen, bis das Kind da ist. Und sie kann mir alles beibringen, was ich wissen muss, wenn ich verheiratet bin.«
Meine Mutter findet die Idee gut.
»Einverstanden«, sagt sie. »Das ist lieb von dir.«
Wir wringen gemeinsam die Wäsche aus und hängen die schweren Jacken auf eine Leine zwischen zwei Bäumen. Von dem Baby erzähle ich ihr nichts. Ich weiß einfach nicht, wie.

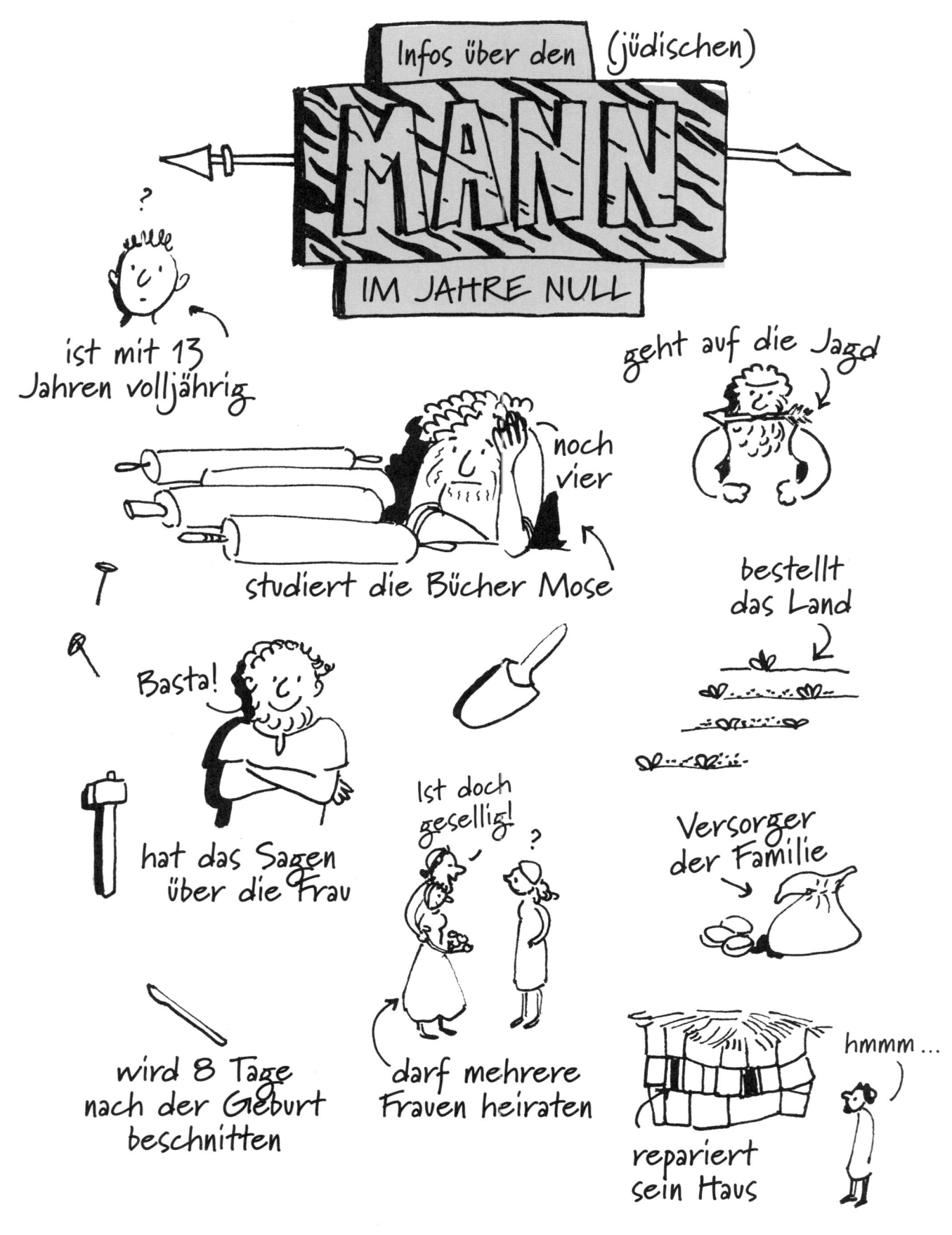

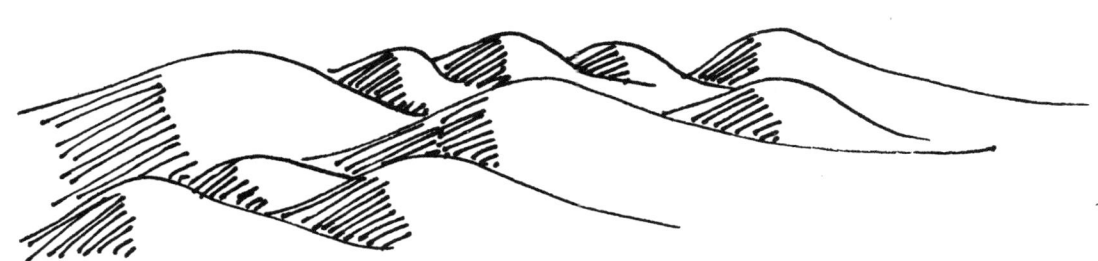

ELISABET

Im Jahr null reist man als Frau nicht allein.
Man schließt sich einer Karawane an,
die in dieselbe Richtung zieht.

Die Reise nach En Kerem ist zwar lang, aber schön. Elisabet
wohnt mit ihrem Mann Zacharias im Bergland von Judäa. Auf
dem Weg habe ich Zeit genug zum Nachdenken. Das ist auch
ganz gut so, denn mir dreht sich immer noch der Kopf von
dem, was der Engel gesagt hat.

Ich bin sehr froh, dass Josef es so gut aufgenommen hat.
Er ist echt lieb.
Ich habe gelernt, abends zum Ewigen zu beten, so nennen
wir Gott. Aber jetzt ist es anders. Ich habe das Gefühl,
als hätten wir beide ein Geheimnis. Ich sage Gott jeden
Abend, dass ich ihm vertraue, aber auch, wie aufregend
und spannend ich alles finde.

Dass ich zwar Angst habe vor dem, was kommt, aber
dass ich auf ihn baue.
Im Laufe der Reise verändern sich meine Gebete. Ich
fühle mich stärker. Und manchmal bin ich plötzlich
sehr glücklich.

Mein Baby,
ein Kind Gottes!

Ich will die beste Mutter sein, die es je
gegeben hat, und dem Kind all meine Liebe
geben. Ich werde es niemals schlagen. Darf
man das überhaupt? Ein Kind schlagen?
Und wie soll man ein Kind Gottes erziehen?

Solche Gedanken gehen mir während
der Reise durch den Kopf.

Als ich Elisabet endlich ganz fest an mich drücke,
ist sie überglücklich.
»Maria!«, ruft sie.
»Tante Elisabet!«, sage ich.
Sie legt die Hände auf ihren Bauch.
»Oh! Das Kleine hat mich getreten! Als es deine
Stimme gehört hat! Schön, dass du da bist! Die
Mutter meines Herrn! Das ist ja was! Gott ist gut!
Wie gut, dass du dem Engel geglaubt hast!«

Mir laufen die Tränen über die Wangen. Ich habe
meiner Tante noch gar nichts erzählt. Aber sie weiß
es trotzdem schon!
Ich muss ihr nichts mehr erklären. Und dabei habe
ich mich so davor gefürchtet!

Ich sage: »Gott ist gut zu mir gewesen. Ich bin doch nur ein einfaches Mädchen.

Er hat etwas Großartiges getan. Es ist ein Wunder! Gott liebt die einfachen Menschen, nicht die mächtigen. Den Hungrigen gibt er zu essen, und die Reichen schickt er weg. Er hält, was er verspricht.«

Was Maria in ihrer Freude sagt, nennt man das **MAGNIFICAT** oder der Lobgesang Marias

Das sage ich und noch viel mehr. Ich rede wie ein Rabbi, die Wörter fließen nur so aus meinem Mund. Aber ich bin glücklich und voller Zuversicht. Ich habe das Gefühl, dass alles gut wird.
Elisabet geht es wie mir, das sehe ich ihr an. Sie lacht sogar ein bisschen.

RABBI!? Jüdischer Gelehrter, der alles über die Halacha, das jüdische Gesetz, weiß.

»Wollen wir jetzt ins Haus gehen?«,
fragt Elisabet dann und zwinkert mir zu.
»Ich habe Suppe gekocht.«

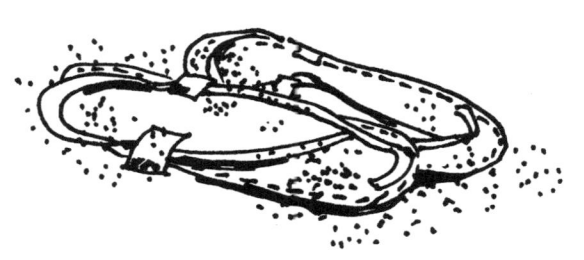

PLÄNE

Gefäß aus Steingut

Brot

Steine

Wir verbringen drei schöne Monate. Meine Tante und mein Onkel haben ein gemütliches Haus und sie sind immer fröhlich. Elisabet zeigt mir, wie man in ihrem frei stehenden Ofen leckere Kreuzkümmelbrötchen backt. Sie schmecken anders als die in Nazaret. Meiner Tante fällt die Arbeit jedoch immer schwerer. Ihr Bauch ist schon ziemlich dick. Sie spinnt Wolle, um daraus Kleider für das Baby zu machen. Sie bringt es mir bei.

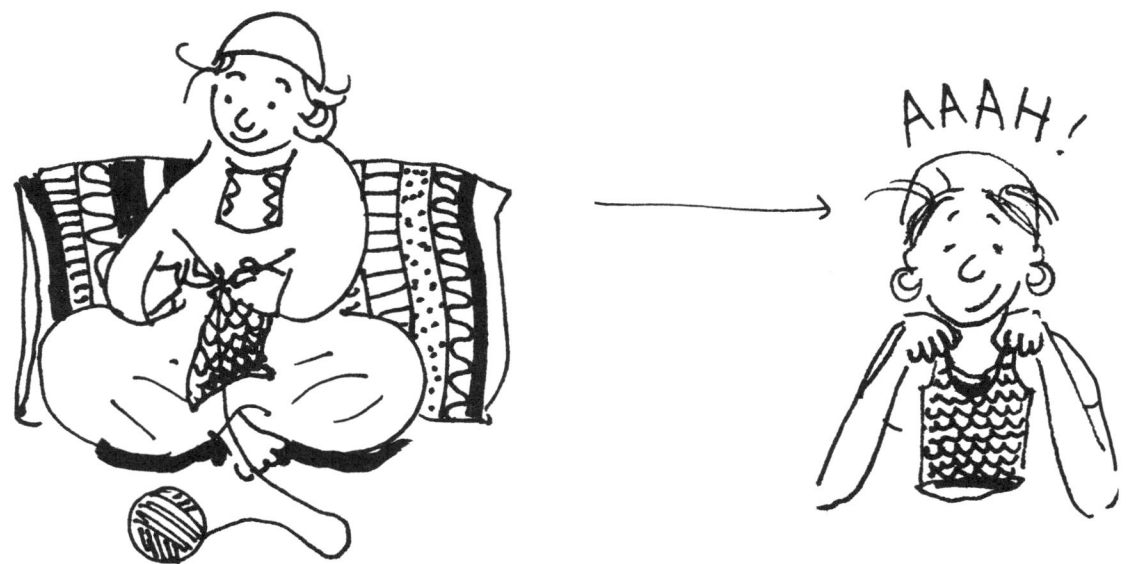

Von meiner ersten gesponnenen Wolle stricke ich ein
Hemdchen für den kleinen Jesus. Und dann einen Schal
für meine Mutter. Ich mag den Duft von Schafswolle.

Auch mein Bauch wird größer.

Ich hab keine Angst mehr vor dem, was passiert.

Es wird nicht einfach werden.
Aber ich glaube dem Engel, auch
wenn alles sehr seltsam ist. Gott
ist mit mir.

WOLLE

Woher kommt ein
WOLLKNÄUEL?

1 Man schert ein Schaf.

Brrr!

2 Dann wird die Wolle GEKARDET.

? KARDEN bedeutet, die Wolle zu kämmen.

mit einer Art Distel

3 Aus gekardeter Wolle stellt man Fäden her (das nennt man SPINNEN).

? Gesponnen wird mit einer SPINDEL.

Jetzt kann man aus dem Faden etwas STRICKEN oder WEBEN.

Ups!

Drei Monate später reise ich zurück nach Nazaret.
Es ist schön, meine Mutter und meinen Vater
wiederzusehen. Sie wollen alle Neuigkeiten von
Elisabet und Zacharias hören.

In den Wochen danach geht alles sehr schnell. Josef
kommt vorbei, um mit mir zu reden. Wir setzen uns
in den Garten, wo meine Mutter Gurken und Paprika
zieht. Ich bin sehr nervös. Wird Josef mich noch zur
Frau nehmen?

»Maria«, sagt Josef, »ich glaube dir.«

»Wirklich?«, frage ich. »Wieso ...?«
»Letzte Woche hatte ich einen
Traum«, sagt er. »Gott möchte, dass
ich dich heirate. Es stimmt, was der
Engel gesagt hat.«
Ich hole tief Luft.
»Ich danke dir«, sage ich leise.

JUHU!

Baruch
Hashem!
(Gott sei
Dank!)

Ich könnte vor Freude in die Luft
springen. Aber das tun die Frauen bei
uns nicht, also wird nur ein kleiner
Hopser daraus. Josef muss lachen.
Er nimmt meine Hand.
»Alles wird gut«, sagt er. »Wir halten
zusammen. Und es ist mir egal, wie
die Leute darüber denken.«

Ich bin glücklich – so glücklich,
dass es mir auf einmal vorkommt,
als würde die Sonne heller scheinen.
Bei Elisabet habe ich mir noch solche
Sorgen gemacht, was Josef sagen
würde.

Und jetzt stehen wir das gemeinsam
durch! Gott ist gut!

Vor unserer Hochzeit gibt es noch eine
außergewöhnliche Neuigkeit:
Ein Botschafter des Königs steht mitten auf
dem Dorfplatz und verkündet, dass es eine
Volkszählung geben wird. Jeder im Reich
muss sich an seinem Heimatort einschreiben.
Auf diese Weise kann Kaiser Augustus »sein«
Volk zählen.
Dabei ist es überhaupt nicht sein Volk, denke
ich. Er hat unser Land besetzt. Aber das laut
auszusprechen, ist lebensgefährlich.

Die Römer gehen mit grausamen Methoden gegen die
Gegner des Kaisers vor. Nur wenige Menschen trauen
sich darum zu sagen, was sie davon halten.
So muss auch Josef der Anordnung folgen und nach
Betlehem reisen, wo seine Eltern herkommen.
»Ich will mit dir nach Betlehem gehen!«, sage ich.
Wir beschließen, dass es das Vernünftigste ist, sofort
zu heiraten. Mein Bauch wird immer runder und ist auch
schon ein wenig unter meiner Tunika zu sehen.
Ich reise unglaublich gern. Die Reise wird zwar bestimmt
anstrengend, aber ich möchte etwas von der Welt sehen!

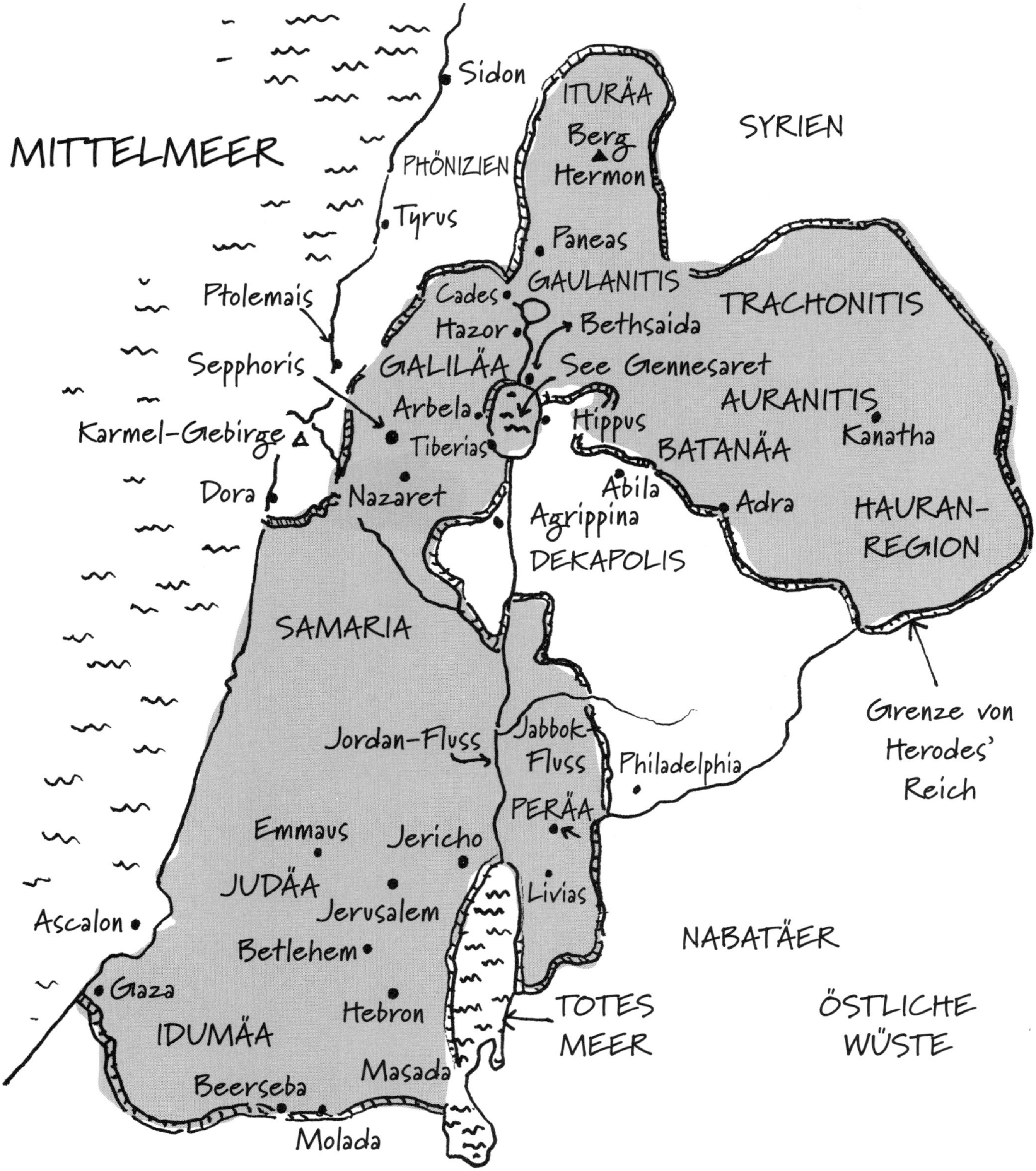

MITTELMEER

SIDON

PHÖNIZIEN

Tyrus

ITURÄA

Berg
Hermon

SYRIEN

Paneas

Ptolemais

Cades

GAULANITIS

TRACHONITIS

Sepphoris

Hazor

Bethsaida

GALILÄA

See Gennesaret

AURANITIS

Karmel-Gebirge

Arbela

Hippus

BATANÄA

Kanatha

Tiberias

Dora

Nazaret

Abila

Adra

Agrippina

DEKAPOLIS

HAURAN-
REGION

SAMARIA

Grenze von
Herodes'
Reich

Jordan-Fluss

Jabbok-
Fluss

Philadelphia

PERÄA

Emmaus

Jericho

JUDÄA

Livias

Ascalon

Jerusalem

NABATÄER

Betlehem

ÖSTLICHE
WÜSTE

Gaza

Hebron

TOTES
MEER

IDUMÄA

Masada

Beerseba

Molada

DAS KÖNIGREICH HERODES' DES GROSSEN

DIE HOCHZEIT

Alles geht sehr schnell.

Viel zu schnell.

Trotz der außergewöhnlichen Umstände genieße
ich jeden Moment.

Nazaret ist ein kleines Dorf. Die Frauen hier haben
meinen Bauch sowieso längst bemerkt. Sie tratschen
schon darüber.

Auch meine Mutter hat gemerkt, dass ich schwanger bin. Sie macht sich zwar Sorgen, das weiß ich, aber sie sagt nichts. Darüber bin ich froh. Es ist so, als wüsste sie, dass etwas Besonderes passiert. Sie näht mir auch ein schönes Kleid.
Mein Vater holt Wein und bringt den Garten für das Hochzeitsfest in Ordnung. Josef baut die Chuppa, den Baldachin, für unsere Hochzeit.

Halt doch mal still!

Marias Aussteuer

Für meinen zukünftigen Haushalt habe ich alles selbst genäht. Ein schönes Leinenkleid, Tücher aus Wolle und Kleidung für Josef und mich.

Ein paar Hemdchen für den kleinen Jesus sind auch schon fertig

Ob „Josef wohl auch ein bisschen nervös ist?

Josef sieht gut aus in seinem weißen Mantel. Wir gehen zur Chuppa. Zusammen mit meiner Mutter, die das alles genauso spannend findet wie ich, umkreise ich sieben Mal meinen zukünftigen Mann.

Jericho ↘

Das ist in unserem Volk schon seit Jahrhunderten bei Hochzeiten Brauch. Ich hoffe nicht, dass Josef zusammenbricht — wie damals die Mauern von Jericho nach sieben Runden ...

Das Volk Israel musste sechs Tage lang um Jericho herumziehen und am siebten Tag sieben Mal. Dann stürzten die Stadtmauern ein. ☹

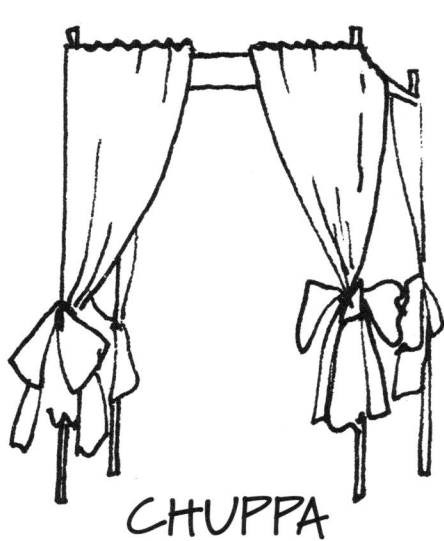

CHUPPA

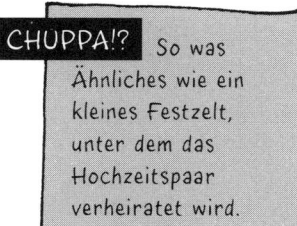

CHUPPA!? So was Ähnliches wie ein kleines Festzelt, unter dem das Hochzeitspaar verheiratet wird.

Als ich in meinem schönen Kleid
unter der Chuppa stehe, spreche ich
die Worte, die den Bund zwischen
Josef und mir besiegeln:
»Ich gehöre meinem Geliebten und
mein Geliebter gehört mir.«

Das Hohelied aus der Bibel (hebräisch):

Einen Augenblick lang sind wir beide
nervös. Ich traue mich nicht, Josef in
die Augen zu schauen.
Und danach feiern wir drei Tage lang.
Ich betrachte immer wieder den Ring,
den Josef an meinen Finger gesteckt
hat.

HOCHZEIT ♥

Hochzeit zu der Zeit von
Josef & Maria

1 Die Braut bekommt einen Mohar (Brautpreis) und der Bräutigam einen Shiluchim (Abschiedsgeschenk, zum Beispiel ein Stück Land oder ein paar Kamele).

he...

2 Der Ehevertrag (Ketubah) wird vom Rabbi, dem Bräutigam & den männlichen Gästen unterschrieben.

3 Die Braut läuft sieben Mal um den Bräutigam herum, der unter der Chuppa steht (zum Schutz).

4 Die Ketubah wird vorgelesen.

5 Braut und Bräutigam trinken einen Schluck Wein und geben sich das Eheversprechen.

6 Die sieben Segnungen (Schewa Brachot) werden gesprochen.

7 FEST

Heute wird während des → **MAZEL TOV!**
(Viel Glück!)
ein Glas zu Boden geworfen. Das gab es damals noch nicht.

בע מאות ושבעים ו _____ לבריאת עולם למנין שאנו

_____ _____ _____ בת _____ הוי לי לאנתו כדת משה

גוברין יהודאין דפלחין ומוקרין וזנין ומפרנסין לנשיהון

וקיכי ומיעל לותיכי כאורח כל ארעא וצביאת מרת

מבי _____ בין בכסף בין בדהב בין בתכשיטין במאני

_____ חתן דנן ב _____ זקוקים כסף צרוף _____ _____

חרים כנגרן סך הכל _____ זקוקים כסף צרוף וכך

וספתא דא קבלית עלי ועל ירתי בתראי להתפרע מכל:

ו אנא למקנא נכסין דאית להון אחריות ודלית להון

נא דא נדוניא דן ותוספתא דא מנאי ואפילו מן גלימא

כתובתא דא נדוניא דן ותוספתא דא קבל עליו _____ _____ _____

וראל העשויין כתקון חכמינן זכרונם לברכה דלא

חתן דנן למרת _____ _____ בת _____ _____ דא על כל מה

Ein uralter Ehevertrag (Ketubah)
in aramäischer Sprache.

Jetzt sind wir KALLA (Braut) und CHATAN (Bräutigam).
Josef hat uns ein schönes Haus gebaut, in das wir bald
einziehen.

Aber zuerst müssen wir uns auf den Weg
nach Betlehem machen ...

Mein Vater sagt oft Verse aus der Tora oder Psalmen auf. Dadurch kenne ich viele Texte. Ich muss an Psalm 139 denken. Den fünften Vers finde ich am allerschönsten:

»Von rückwärts und vorne umfängst du mich und du legst auf mich deine Hand.«

Obwohl ich viele Verse nicht ganz verstehe, gefallen sie mir. Vor allem die Psalmen.
Beinahe die Hälfte der Psalmen hat König David geschrieben. Von ihm stammt meine Familie ab. In den Psalmen geht es um Dinge aus dem echten Leben. Und um die Liebe. Nicht, dass ich davon viel verstehe, aber die Psalmen klingen einfacher als zum Beispiel die Texte von Jesaja. Er war ein Prophet, der vor langer Zeit gelebt und viele weise Dinge gesagt hat.
Mein Vater meint, dass alle Texte wichtig sind. Sie sind von Menschen geschrieben, aber der Ewige hat sie ihnen eingeflüstert. Wir können viel aus diesen Texten lernen.

In Galiläa befassen sich hauptsächlich die Männer mit den Texten aus der Bibel. Wir Frauen haben andere Aufgaben: kochen, waschen, sich um die anderen kümmern, so was eben. Wir müssen uns an die jüdischen Gesetze halten, aber wir müssen uns nicht eingehend damit beschäftigen.

DIE THORA?! Fünf Bücher des Tanach, der hebräischen Bibel, die Grundlage des jüdischen Glaubens.

Heimlich höre ich zu, wie die Männer Verse aus der Thora oder den Psalmen besprechen. Ich bin sehr neugierig. Und ich finde die alten Wörter so schön.

DIE REISE

... die vermutliche Reiseroute
von Josef & Maria

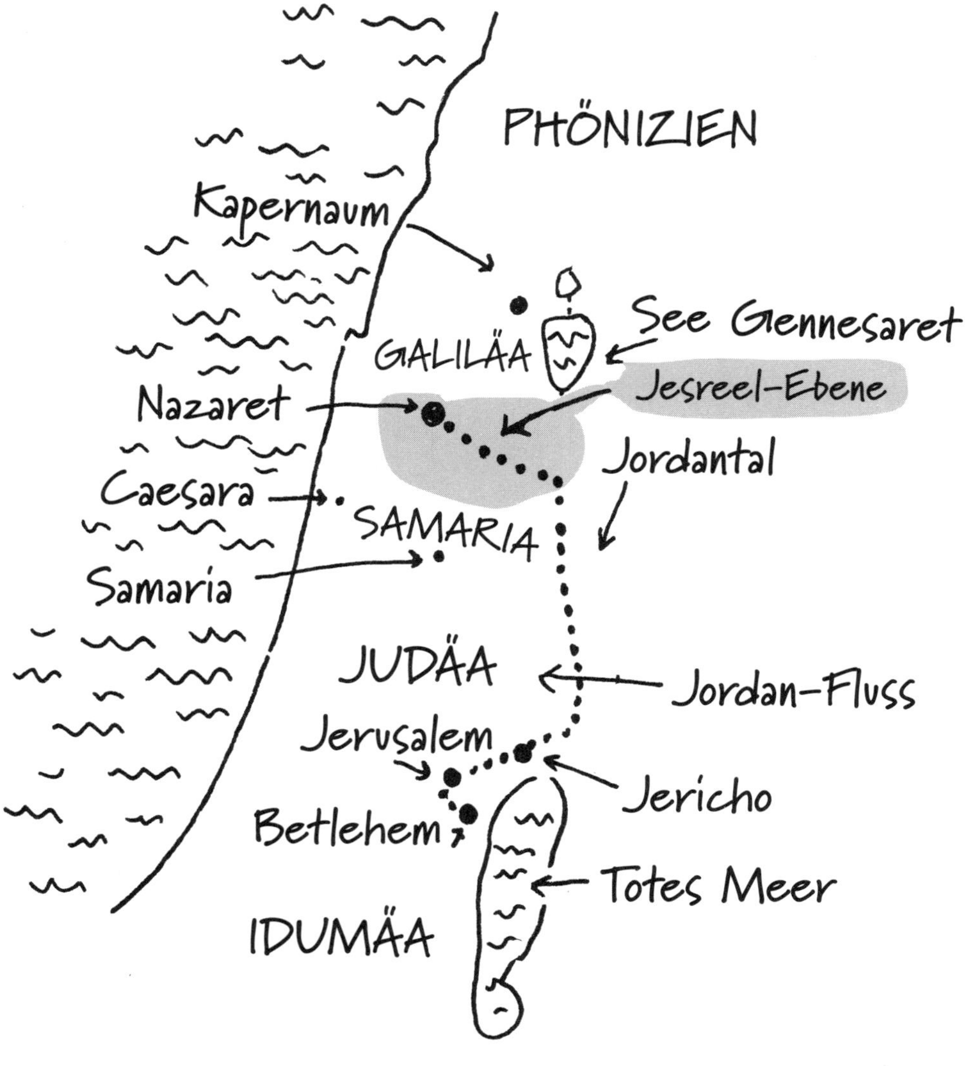

PHÖNIZIEN

Kapernaum

GALILÄA

See Gennesaret

Nazaret

Jesreel-Ebene

Caesara

Jordantal

SAMARIA

Samaria

JUDÄA

Jordan-Fluss

Jerusalem

Betlehem

Jericho

Totes Meer

IDUMÄA

Wir sind seit einem Tag unterwegs und kommen jetzt
in die Jesreel-Ebene.

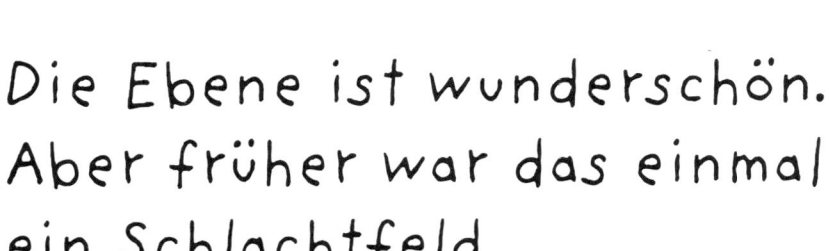

Die Ebene ist wunderschön. Aber früher war das einmal ein Schlachtfeld.

Gideon hat hier gegen die **Midianiter** gekämpft und Saul gegen die **Philister**. Und hier fiel König Josia im Kampf gegen den Pharao Necho.

Pharao Necho aus Ägypten

610 v. Chr bis 595 v. Chr.

MIDIANITER!? Ein kriegerisches Volk im Süden des Landes.

PHILISTER!? Seefahrervolk, das regelmäßig Krieg gegen die Juden führt.

DIE JESREEL-EBENE

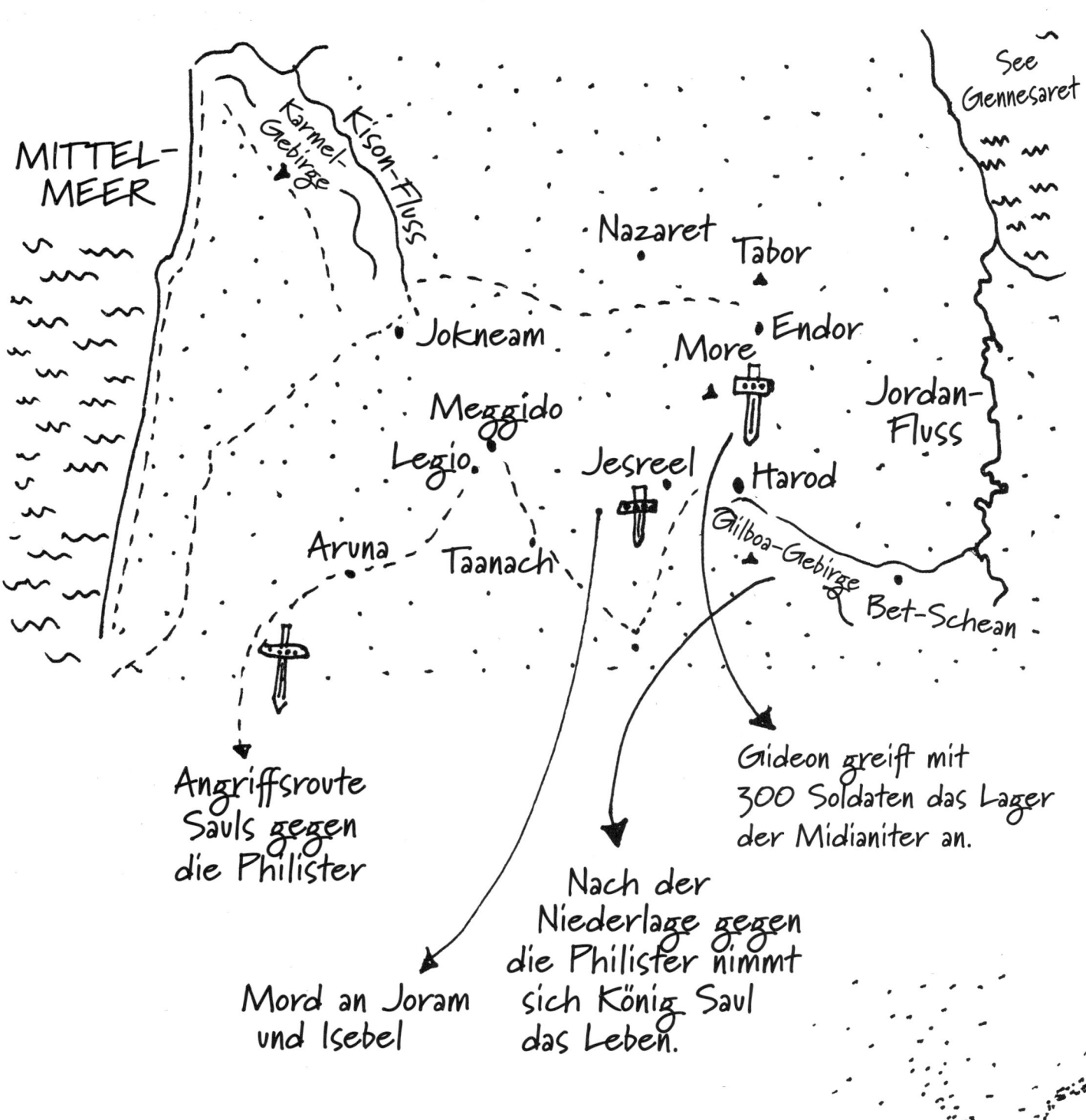

See Gennesaret

MITTEL-MEER

Karmel-Gebirge

Kison-Fluss

Nazaret

Tabor

Jokneam

More

Endor

Jordan-Fluss

Meggido

Legio

Jesreel

Harod

Aruna

Taanach

Gilboa-Gebirge

Bet-Schean

Angriffsroute Sauls gegen die Philister

Mord an Joram und Isebel

Nach der Niederlage gegen die Philister nimmt sich König Saul das Leben.

Gideon greift mit 300 Soldaten das Lager der Midianiter an.

Mein Vater ist ein guter Geschichtenerzähler. Deshalb weiß ich so viel über unsere Geschichte. Die Reise nach Betlehem wird uns durch das Jordantal führen, hat Josef mir erzählt, und weiter nach Jericho und Jerusalem.

Josef reist genauso gern wie ich. Er hat die Reiseroute auf **Papyrus** geschrieben. Jedes Mal, wenn wir Rast machen, um zu essen oder zu trinken, schauen wir uns die Route an.

PAPYRUS!? Eine Art Papier aus den Fasern der Papyruspflanze.

Josef ist ein guter Reisepartner. Er ist fröhlich und stets zum Scherzen aufgelegt. Da hab ich Glück gehabt. Meine Freundin hat bei ihrer Hochzeit einen Mann bekommen, der nie was sagt. Das wär nichts für mich.

Unser treuer Esel trägt alle unsere Sachen. Zur Sicherheit habe ich ganz viele Tücher für das Baby eingepackt. Auch ausreichend Essen haben wir dabei und Wasserkrüge. Wir sind ungefähr sechs Tage zu Fuß unterwegs. Vor jeder Rast suchen wir uns einen schattigen Platz, wo ich eine Decke ausbreite. Wir essen getrocknete Datteln und Kuchen.

Pfffff

Datteln an einer Palme

Wir reden viel. Über das Kind, über Gott und über alles, was uns die Zukunft bringt. Wir können es immer noch nicht richtig glauben. Aber unser Kind MUSS einfach der König sein, von dem die Gegner der Römer sprechen.

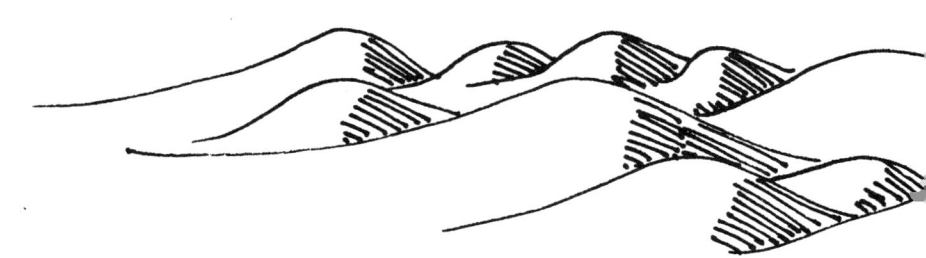

Nachts, wenn ich unter meiner Decke liege,
betrachte ich die Sterne und denke nach.
Als ich einmal nicht gleich einschlafen kann,
fällt mir ein Text von Jesaja ein, einem
alten Propheten: »Das Volk, das im Finstern
wandelt, schaut ein großes Licht; über denen,
die im Land der Dunkelheit wohnen, erstrahlt
ein Licht.«

Während wir laufen, brennt die Sonne herab. Es ist so heiß! Ich denke lieber gar nicht darüber nach, wie viele Schritte ich noch gehen muss. Ich will Josef gegenüber nicht zugeben, dass mir das Laufen allmählich schwerfällt. Mein Bauch ist schon ziemlich dick.

Nach einer Woche erreichen wir Betlehem. Zum Glück.

Josef hat gesagt, dass Bekannte von ihm in Betlehem
wohnen. Er nennt sie Onkel und Tante, obwohl sie
eigentlich nicht mit ihm verwandt sind. Na ja,
vielleicht über mehrere Ecken ...
Er klopft an die Tür eines weiß gestrichenen Hauses.
Die Frau, die uns öffnet, reißt zuerst überrascht die
Augen auf, dann fällt sie Josef um den Hals.
»Josef! Bist du es? Und wer ist das Mädchen? Deine
Frau?«

Auch ich werde fest gedrückt und begrüßt: »Ich bin Tante Rivka!« Begeistert zieht sie uns ins Haus. Sie ist eine gute Freundin von Josefs Mutter. Und sie möchte einfach alles wissen über Josefs Familie, die so weit weg wohnt. Wir bekommen zu essen und zu trinken. Und noch mehr Essen und Trinken. Dann sieht sie auf meinen Bauch.

»Es ist bald so weit, oder? Das ist aber blöd, dass du das Kind während deiner Reise zur Welt bringen musst.«

»Ja«, sage ich. »Es bewegt sich schon ziemlich viel.«

Es ist schön, so herzlich aufgenommen zu werden. In Betlehem geht es drunter und drüber. Wegen der Volkszählung sind viele Menschen zu ihren Familien nach Hause gekommen.

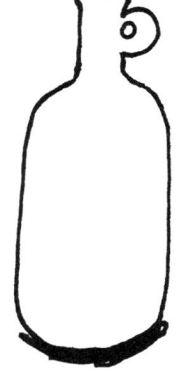

»Tut mir leid«, sagt Tante Rivka, »aber wir haben in unserer **Kataluma,** dem Gästezimmer, keinen Platz mehr frei. Da schläft schon eine Familie. Im Erdgeschoss ist aber noch Platz. Manchmal verirrt sich zwar eine Ziege oder ein Schaf dahin, weil dort die Futterkrippe steht. Aber keine Angst, wir richten euch schon eine gemütliche Schlafstelle ein.«

Wir sind sehr müde und mit allem zufrieden. Die Ziegen und Schafe stören uns kein bisschen. Nicht mal unsere Sachen packen wir aus. Tante Rivka holt eine Matratze für uns. Ich lege unser schönes, gewebtes Tuch darauf, und wir schlafen sofort ein.

KATALUMA!? Das Gästezimmer. Jedes Haus hat eines, weil Gastfreundschaft sehr wichtig ist.

DIE GEBURT

Als wir am nächsten Morgen aufwachen, starrt
uns keine Ziege an, sondern ein kleiner Junge.
Mit dem Daumen im Mund.
Wir gewöhnen uns schnell daran, dass hier
immer viel los ist.
Sieben, nein, acht kleine Kinder springen hier
herum. Erst nach ein paar Tagen verstehen wir,
wer zu wem gehört.

Nach einer so langen Reise ist es bei uns üblich,
für eine Weile bei der Gastfamilie zu bleiben.
Wir helfen im Haushalt und bei der Arbeit mit.
Das Kind in meinem Bauch tritt inzwischen sehr
kräftig. Manchmal muss ich mich kurz setzen.

Tante Rivka sieht, dass ich müde bin,
und setzt sich neben mich. »Bist du
gut auf die Geburt vorbereitet?«,
fragt sie. »Weißt du, was bald
passieren wird?«

»Einigermaßen«, sage ich. »Meine Mutter hat mir vor
der Hochzeit vieles erklärt. Und ich war auch schon mal
bei einer Geburt dabei und habe mitgeholfen.«
»Gut«, sagt Tante Rivka.
»Ruf mich, wenn es losgeht. Ich helfe dir dann bei der
Geburt. Mit Kinderkriegen kenne ich mich aus. Und deine
Cousine Elza weiß auch Bescheid.«
»Danke«, sage ich.

Es ist mitten in der Nacht. Ich schrecke hoch und setze
mich im Bett auf. Der Mond scheint durch eine kleine
Fensterritze herein. Eine Ziege atmet laut.

Was spüre ich da?

Oh. Da ist es ein zweites Mal. Das war eine Wehe.
Ich rüttele Josef wach. »Ich glaube, das Kind kommt.«
»Hm«, sagt Josef.
Und dann: »WAS?«

Dann springt er von der Matratze auf und läuft aufgeregt hin und her. »Wo sind denn bloß meine Schuhe?«

»Ganz ruhig«, sage ich. »So schnell geht das nicht. Erst mal habe ich eine Zeit lang Wehen. Und dann kommt erst das Kind.«

Das sage ich ganz ruhig, aber eigentlich geht doch alles sehr schnell. Ein paar Stunden später schicke ich Josef zu Tante Rivka.

Ich habe Angst. Meine Mutter fehlt mir sehr. Und ich habe Schmerzen.

Tante Rivka hilft mir. Sie ist geduldig und massiert mir den Rücken. Josef schickt sie nach oben. Eine Geburt ist Frauensache. Aber vorher muss er noch die Ziegen aus dem Stall scheuchen.

 = 🌬

Nach einer letzten Wehe kommt das Kind auf die Welt. Es ist ein Junge, und sein Köpfchen ist noch ganz verschrumpelt. Er hat zehn klitzekleine Finger und zehn klitzekleine Zehen.
Ich schaue ihn immerzu an und seufze.

»Was bist du für ein süßer kleiner Kerl! Und so schön!«

»Wie soll der Kleine denn heißen?«, fragt Elza.

»Jesus«, sage ich. »Das bedeutet: ›Gott rettet‹.«

GEBURTEN

IM JAHRE NULL

Der Mann ist nicht dabei:
→ Gebären ist Frauensache

Tschüs!

Hochschwangere müssen sich vor LILIT hüten. Der Legende nach ist sie eine Dämonin, die gebärende Frauen bedroht.

Sie wird als verführerische Frau dargestellt.

→ Eine Spritze gegen die Schmerzen gibt's auch nicht.

Das ist ein Geburtsstuhl

& Salbei gegen die Schmerzen

Man darf sich ein paar Tage lang verwöhnen lassen.

→ Aber es kommt eine Hebamme. Falls eine da ist.

Ich komme, um zu helfen.

Die Hebamme kümmert sich um Mutter und Kind

Das Baby wird mit Salz eingerieben und fest eingewickelt, damit seine Arme und Beine gerade wachsen.

MUTTER sein:
IM JAHRE NULL

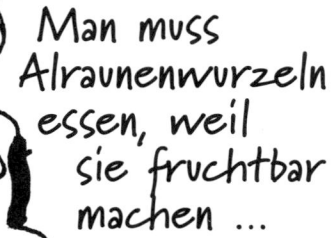

Man muss Alraunenwurzeln essen, weil sie fruchtbar machen ...

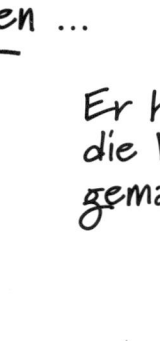

ständig Windeln wechseln

Er hat in die Windel gemacht.

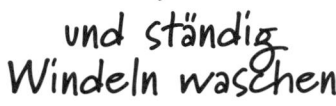

und ständig Windeln waschen

→ Sichert die soziale Stellung der Frau und die Nachkommenschaft. Ein Mann kann sich von einer Frau scheiden lassen, wenn die Ehe kinderlos bleibt.

das Baby ein paar Jahre lang stillen

die Hausarbeit erledigen und sich dabei um die Kinder kümmern

Seufz

... und ihnen die Hausarbeit beibringen

und noch mehr Windeln waschen (VON HAND!)

DIE HIRTEN

Schon den ganzen Tag lang liege ich da und bewundere das Kind. Mein Kind. Gottes Kind. Josef ist stolz. Er zeigt das Baby der ganzen Familie.

»Danke, oh Herr«, flüstere ich.

Für unseren kleinen Jesus haben wir in der Futterkrippe ein gemütliches Bettchen hergerichtet. Die Ziegen müssen für eine Weile woanders fressen.

»Er sieht seinem Vater ähnlich«, sagt Tante Rivka.

Ich sage nichts. Ich bin einfach nur von Herzen froh.

Draußen sind laute Männerstimmen zu hören. Ich erstarre.
Wer ist das? Sind das Römer?
»Wir haben eine Gruppe von Lichtgestalten gesehen«,
höre ich. Und: »... König geboren ...«.
Josef kommt mit einigen Männern herein. »Tretet näher«,
sagt er.
Sie bleiben im Türrahmen stehen und nicken mir zu.
»Guten Morgen.«

Ich muss lachen. Männer! Sonst spielen sie sich gerne auf, aber eine frischgebackene Mutter mit Baby macht sie verlegen.

Ich deute auf Jesus, der zufrieden an seinem Fäustchen saugt.

»Ist das der König?«, fragt einer der Männer, der sich näher herangewagt hat und ein bisschen abgerissen aussieht.

Ich setze mich auf. »Woher wisst ihr das?«

»Das haben wir draußen gehört«, antwortet er. »Wir haben Nachtwache bei unseren Schafen auf dem Feld gehalten, und da erschien uns ein Engel. Er hatte eine Botschaft und sprach von einem Retter, dem Messias. Und dass er in einer Krippe liegt. Dann wurde es plötzlich hell am Himmel, und wir hörten einen herrlichen Gesang. ›Ehre sei Gott in der Höhe und Friede auf Erden und den Menschen ein Wohlgefallen‹.«

»Es war so seltsam«, sagt ein anderer Hirte. »Wir sind ja
einiges gewohnt, da draußen auf dem Feld und nachts im
Dunkeln. Aber meistens sind es nur wilde Tiere, die uns
erschrecken. Trotzdem haben wir uns zuerst sehr
gefürchtet.«

»Ja«, sage ich leise. »Es ist Gottes Kind.«

Beim Abschied strahlen die Hirten übers ganze Gesicht.
»Gott ist gut«, sagen sie.

»Das ist das Licht, über das vor
langer Zeit geschrieben wurde!
Wir werden allen davon erzählen!«

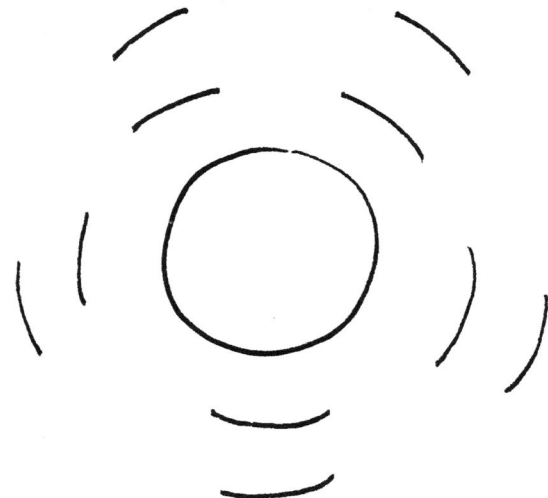

DAS KIND

Die Beschneidung ist
ein Zeichen für den
ewigen Bund zwischen
Gott und den
Israeliten.

Etwas, womit ich als junge
Mutter so meine Probleme
habe, ist die Beschneidung.
Ich weiß schon, so ist es
Brauch — und alle Jungen
werden seit Abrahams Zeiten
am achten Tag beschnitten.
Trotzdem ...
Anlässlich der Beschneidung
wird ein Fest gefeiert, und
Tante Rivka und Elza haben
lecker gekocht.

Ich halte die Luft an, als der **Mohel**, der Beschneider, zur Tat schreitet. Ich kann gar nicht hinsehen. Zum Glück scheint es nicht mal so besonders wehzutun. Aber da schneidet einfach jemand mein Kind!!!
Zum Glück geht es ganz schnell.
Und dann feiern wir ein Fest.
Die Familie hat kleine Geschenke für uns!
Wie lieb sie sind!
Elza hat ein Hemdchen für Jesus genäht.
Und Onkel Sam schenkt uns einen Käfig mit zwei jungen **Tauben**.
»Für den Tempel«, sagt er.
Jesus macht inzwischen das, was Babys so tun: Er weint, trinkt, macht in die Windel, pupst und ist heute ganz besonders süß.

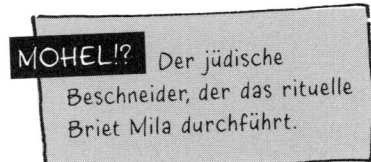

MOHEL!? Der jüdische Beschneider, der das rituelle Briet Mila durchführt.

Dann kommt der Tag, an dem wir unser Kind an Gott **übergeben.** So steht es in den Büchern. Wir gehen in den Tempel von Jerusalem. Ich bin noch nie dort gewesen.
Ich sehe mich mit großen Augen um! Hier sieht alles so anders aus als in Nazaret. Da gibt es nur einen Marktplatz mit niedrigen Häuschen.

TAUBEN!? Bringt man als Opfer, wenn man im Tempel sein Kind an Gott übergibt.

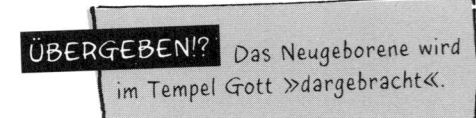

ÜBERGEBEN!? Das Neugeborene wird im Tempel Gott »dargebracht«.

die GROßE STADT
JERUSALEM

Jerusalem ist wie eine andere Welt! Eine Welt aus Stein, in der sich die Menschen durch enge Gässchen drängen.
Überall sind Esel und mit Wassermelonen beladene Karren.
Und erst die vielen Gerüche! Es duftet an jeder Ecke nach Gewürzen, Früchten und Kräutern. Ich bin überwältigt.

Zum Glück kennt Onkel Sam den Weg zum Tempel und geht voran.

Auch der Tempel beeindruckt mich. Jesus, den ich in einem Tuch vor meinem Bauch trage, sieht fröhlich aus. Anscheinend gefällt es ihm hier. Ein alter Mann kommt auf uns zu.
»Ich bin Simeon«, sagt er.
»Ich freue mich so sehr, euch zu sehen!

Darf ich vielleicht ganz kurz den Messias im Arm halten?«

DER TEMPEL VON HERODES dem GROSSEN

Herodes lässt viele Bauwerke errichten und baut auch den zweiten Tempel wieder auf, der durch Kriege und Aufstände zerstört war. Im Jahr 64 ist der Tempel fertig gebaut.

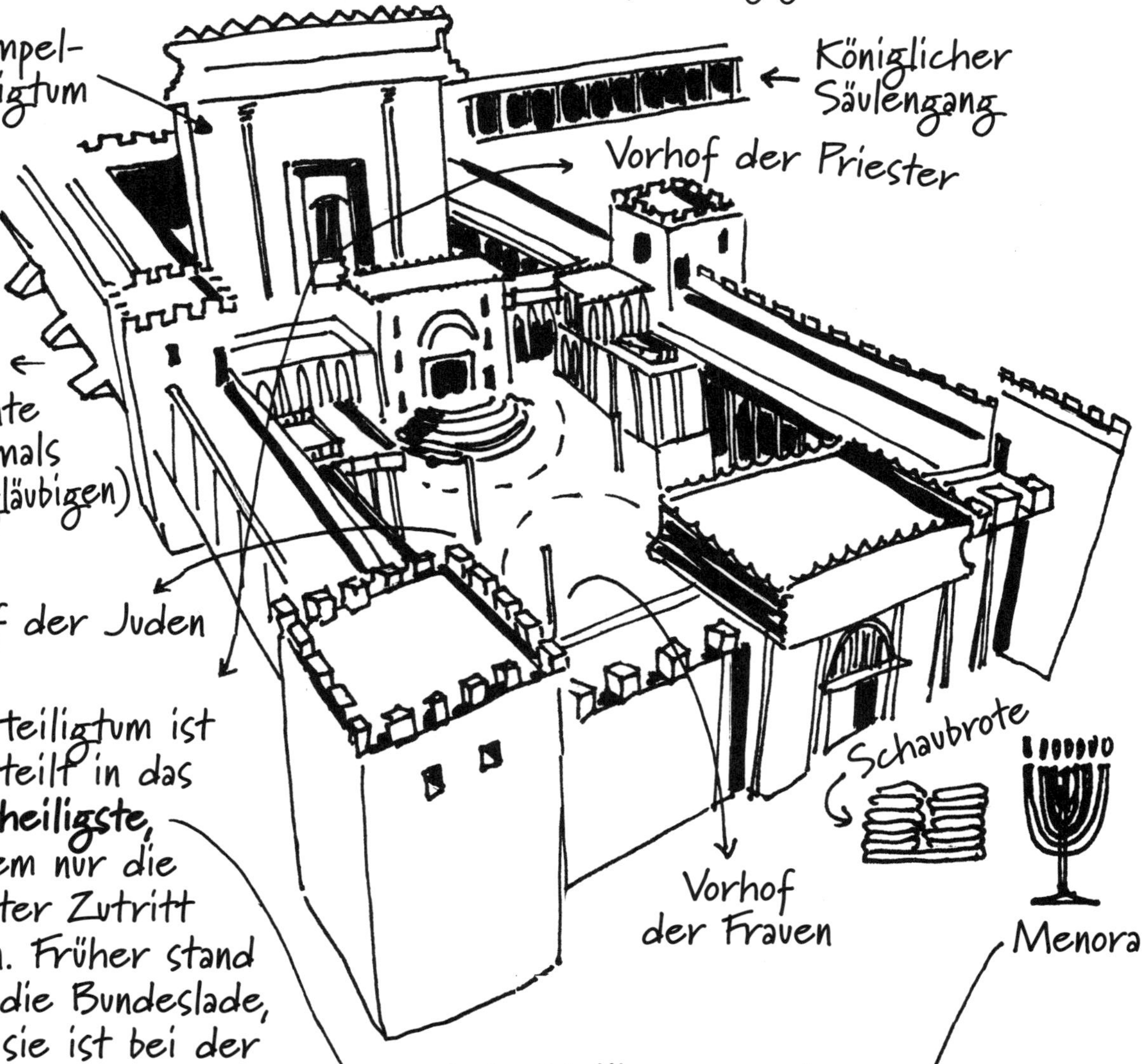

Tempel-heiligtum

Königlicher Säulengang

Vorhof der Priester

Vorhof der Heiden (so nannte man damals die Ungläubigen)

Vorhof der Juden

Das Heiligtum ist unterteilt in das **Allerheiligste**, zu dem nur die Priester Zutritt haben. Früher stand hier die Bundeslade, aber sie ist bei der ersten Zerstörung des Tempels verschwunden.

Schaubrote

Vorhof der Frauen

Menora

und das **Heilige**, wo zehn siebenarmige Leuchter stehen, ein Tisch mit zwölf Schaubroten und ein Rauchopferaltar.

Josef und ich sehen uns an. Dieser Mann weiß,
dass unser Kind der Messias ist. Wie seltsam!

Zögernd reiche ich ihm den kleinen Jesus.
Simeon sagt gerührt: »Herr, nun kann ich in
Frieden sterben, wie du es gesagt hast. Ich habe
den Retter gesehen ...«

Und Simeon sagt noch mehr: »Dieses Kind ist
das Licht!«

DIESES
KIND
IST DAS
LICHT!

Und: »Es wird noch viel
geschehen in Israel.
Menschen werden sich gegen
euren Sohn erheben. Um
seinetwegen werdet ihr viel
Leid und Kummer erfahren.«
Mir läuft es kalt den Rücken
herunter. Und doch weiß ich,
dass unsere Zukunft nicht
einfach sein wird. Jesus
wird unser ganzes Leben
durcheinander bringen, ob
wir wollen oder nicht.
Simeon segnet uns. Dann ruft
er Hanna heran. Hanna ist
eine **Prophetin**. Sie ist ebenso glücklich wie Simeon.
»Gott ist gut«, sagt sie. »Dieses Kind wird Jerusalem
befreien! Ich habe es gesehen. Dem Ewigen sei Dank!«

PROPHETIN!? Ein
weiblicher Prophet.

Ein bisschen verwirrt und benommen machen Josef,
Onkel Sam und ich uns einige Stunden später auf den
Rückweg nach Betlehem.
Onkel Sam ist sehr beeindruckt. Wir auch. Wir reden
nicht viel.
Josef nimmt meine Hand. Er sieht mich an und
flüstert: »Ich bin froh, dass du meine Frau bist. Aber
wir müssen stark sein. Mit diesem Kind werden wir
noch ganz schön was erleben.«

Als Eltern des kleinen
Jesus war und ist unser Leben nicht
einfach. In unserem Häuschen in Asiut, in
Ägypten, habe ich nun endlich Zeit zum Nachdenken.
Ja, mittlerweile wohnen wir in Ägypten. Aber nur vorüber-
gehend. Ich denke an die schreckliche Zeit zurück, als wir
mitten in der Nacht eilig unsere Sachen zusammenpacken und in
Richtung Golf von Akkaba fliehen mussten.
Es blieb uns nichts anderes übrig. Sonst hätte Herodes, der grausame
König, auch unser Kind ermordet.
Magoi hatten uns gewarnt. Das sind weise Männer aus dem Land der
Meder und Perser. Sie deuten die Sterne und lesen in den alten Schriften.
Und plötzlich standen sie bei uns in Betlehem vor der Tür. Einer der
Männer erklärte uns:
»Alte babylonische Orakel sprechen von einem großen König, der sich im
Westen erhebt, und unter dem Recht und Gerechtigkeit herrschen wird
und Friede und Freude in allen Ländern.«
Auch in den Sternen hatten die Magoi ein Zeichen gesehen: Ein großer
Stern zeigte ihnen den Weg zu unserem Haus.
»Hier ist der König geboren«, sagten sie.
Ich blickte zu Jesus hinüber, der auf dem Boden herumkrabbelte
und einen Granatapfel in der Hand hielt. Seine Tunika war
schon ganz mit roten Flecken bekleckert. Man sollte
nicht meinen, dass er einmal die Welt retten wird.
Aber es stimmte natürlich, und ich sagte den
Männern, dass sie recht haben.
Sie berichteten weiter: König
Herodes hatte von ihrer
Suche gehört.

Die Ankunft der Magoi war nämlich wegen der großen Karawane, mit der sie unterwegs waren, bemerkt worden. Herodes ließ die drei in seinen Palast kommen. Er war neugierig, wo denn dieser König zur Welt gekommen sei. Sie sollten ihm Bescheid sagen, wenn sie ihn gefunden hätten ...

Aber später stellte sich heraus, dass Herodes eifersüchtig ist. Und so ließ er aus Angst vor dem König alle kleinen Jungen töten, die nicht älter als zwei Jahre waren.

»Woher habt ihr das gewusst?«, fragte Josef.

»Von einem Engel«, antwortete einer der Weisen. »Das war sehr eindrucksvoll.« So eindrucksvoll, dass sie der sonderbaren, leuchtenden Erscheinung sofort geglaubt hätten. Der Engel riet ihnen, auf dem schnellsten Weg in ihre Heimat zurückzukehren, ohne noch mal bei Herodes vorbeizugehen.

Mich überlief es
kalt, als ich die Geschichte
hörte. Dieser entsetzliche König!
Was sollten wir nur tun?
Kurz darauf hatte Josef einen Traum: Ein
Engel sagte ihm, dass er auf dem schnellsten
Weg nach Ägypten flüchten soll.
Und da sind wir jetzt.
Es ist wunderschön hier. Wir wohnen nicht weit
entfernt vom großen Fluss Nil, und überall ist es
herrlich grün.
Unser Kind wächst und gedeiht, spricht und ist
schon ein richtiger kleiner Schlingel. Trotzdem
sehne ich mich nach Hause zurück, nach Nazaret.
Wer weiß, vielleicht können wir eines Tages
dorthin zurückkehren. Wer so ein Kind hat
wie wir, muss auf alles gefasst sein ...

Die Bibel in unterhaltsamen Comic-Strips

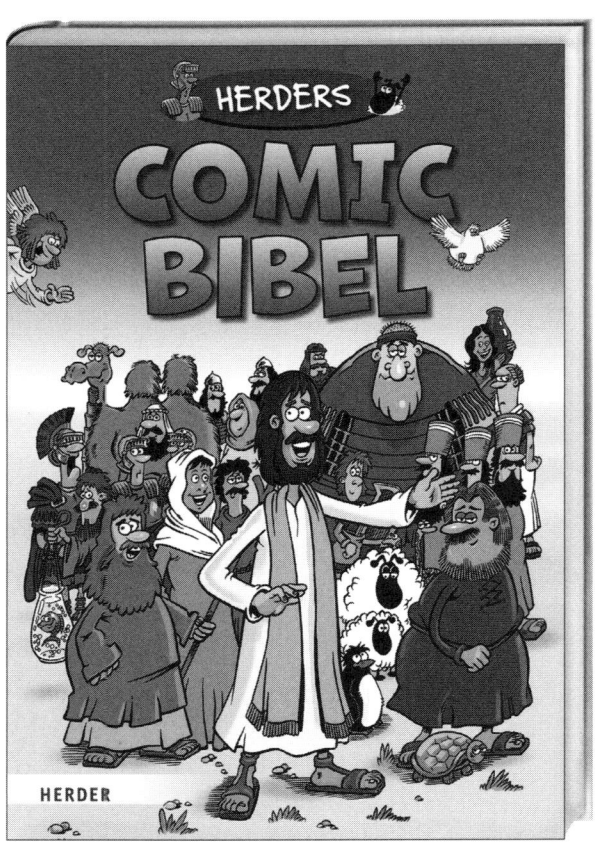

112 Seiten | Gebunden
ISBN 978-3-451-71572-3

Hier können große und kleine Leser in die spannende Welt des Alten und Neuen Testaments eintauchen. Hirten, Könige und große Helden erzählen von ihren mutigen Abenteuern. Auch Wrestling-Superstars, ein Taxistand für Kamele oder die Wagenwerkstatt »Al Reparid« sind in den einzelnen Comicszenen zu entdecken. So macht Bibel Spaß, erklärt und gezeichnet von den besten Comiczeichnern der Welt.

In jeder Buchhandlung!

HERDER

www.herder.de

60 spannende Storys aus der Bibel

256 Seiten | Gebunden
ISBN 978-3-451-70930-2

Das wäre Gregs Bibel! Aufgemacht wie ein Comic, mit witzigen Schwarz-Weiß-Illustrationen und einem fesselnden Text, wirft dieses Buch einen außergewöhnlichen Blick hinter die Kulissen der einzelnen Geschichten. Ein spannender und origineller Zugang zum Buch der Bücher.

In jeder Buchhandlung!

HERDER

www.herder.de